大ピンチのチート的サバイバル術

監修 TAMAchan

Gakken

もくじ

たまちゃんにインタビュー …………4
たまちゃん的ピンチ切りぬけワザ …………6

第1章 チート的サバイバル術 学校ピンチ!! 編

上ばきをわすれた!! …………8
授業中、ねむい!! …………10
ニガテな人と同じクラスになった!! …………12
先生のギャグがわらえない!! …………13
授業中、トイレに行きたくなった!! …………14
長い感想文を書かなきゃいけない!! …………16
テスト中、消しゴムを落とした!! …………18
給食にニガテなおかずが出た!! …………20
おべんとうを食べようとしたら、はしが入ってない!! …………22
ウワサ話を聞いて、トイレから出にくい!! …………24
ランドセルが重い!! …………26
観察用の植物がかれた!! …………28
先生におこられた!! …………30
校長先生の話が長すぎる!! …………32

レッスン① 秒でトライ！ 写真でひとこと 動物バージョン …………34
ピンチを救うコラム① 毎日がHAPPY★ テンションをアゲるかんたんアイディア …………36

第2章 チート的サバイバル術 友だちピンチ!! 編

遊ぶやくそくをしたけどことわりたい!! …………38
マンガを返してくれない!! …………40
かりたマンガにジュースをこぼした!! …………42
テレビ番組の話に入れない!! …………44
ナイショ話を、ほかの人に話したのがバレた!! …………45
早く帰りたい日に友だちにつかまった!! …………46
ギャグがスベった!! …………48
友だちのたん生日をわすれた!! …………50
友だちが、なぜかおこってる!! …………52
新しく買った服が友だちとカブってた!! …………54
友だちのゲームソフトを持ち帰ってしまった!! …………56
ゲームに負けた友だちがおこった!! …………58
好きな人が友だちといっしょだった!! …………60

レッスン② 秒でトライ！ 写真でひとこと 人間バージョン …………62
ピンチを救うコラム② ピンチに役立つ★ リラックスワード …………64

第3章 チート的サバイバル術 家族ピンチ!! 編

買い物のおつりを使いこんでしまった!! …………66
習いごとをサボって公園にいるところを見られた!! …………68
宿題をやらずにマンガを読んでいるところを見られた!! …………70
見たい番組があるのに、チャンネルをかえにくい!! …………72
家族のおやつを勝手に食べたのがバレた!! …………74

おこづかいの金額が上がらない!! ………76
お母さんが口をきいてくれない!! ………78
親にゲーム機を取り上げられた!! ………80
トイレでゲームをしているのがバレた!! ………82
親の帰宅時間が予想より早かった!! ………84
レッスン3 マニア度チェック Q&A たまちゃんチョイスはどーれだ? ………86
ピンチを救うコラム3 いざというときに使える!? ザ★忍法 ………88

第4章 チート的サバイバル術 生活ピンチ!! 編

くつ下が片方しかない!! ………90
タマゴをわったら中にカラが入った!! ………92
かみの毛にねグセがついた!! ………94
服のファスナーが動かない!! ………96
すぐ飲みたいのに炭酸飲料がふき出しそう!! ………97
シールがうまくはがせない!! ………98
ビンのフタが開かない!! ………100
かき氷を食べたら、頭がキーンとした!! ………102
ワサビがツーンとした!! ………104
わたあめを食べたら口と手がベタベタになった!! ………106
ゼリーを開けたら、汁が顔にかかった!! ………108
おふろ上がり、バスタオルがない!! ………110
しゃっくりが止まらない!! ………112
ゲーム中、マイクが「オン」になってた!! ………113
遠足の前夜、楽しみすぎてねられない!! ………114
写真うつりがヤバい!! ………116

レッスン4 変わったのはどこ? まちがいさがし RPGゲームバージョン ………118
ピンチを救うコラム4 こんなとき、どうしたらいいの? たまのプチ相談室 ………120

第5章 チート的サバイバル術 お出かけピンチ!! 編

やくそくの時間にちこくした!! ………122
新しいくつをはいたら足が痛くなった!! ………123
電車のきっぷをなくした!! ………124
自分のカサがどれかわからない!! ………125
乗り物によった!! ………126
大ぜいの人の前ですっ転んだ! ………128
トイレに大行列ができている!! ………130
映画館でポップコーンをブチまけた!! ………132
メニューの内容がナゾすぎて選べない!! ………134
しょうゆだと思ってかけたらソースだった!! ………136
食べ方をミスってグラスからあふれた!! ………137
カラスにおべんとうをねらわれた!! ………138

レッスン5 変わったのはどこ? まちがいさがし 忍者ゲームバージョン ………140
ピンチを救うコラム5 使うだけでテンションあがる! たまちゃんワード集 ………142

たまちゃんからみなさんへ♥ ………143

★サバイバル術はチート的なものになります。実践した後の結果については自己責任となりますのでご留意ください。

3

たまちゃんに
インタビュー

「ピンチは、新たな自分を見つけるきっかけになるかもしれないよ★」

✧ たま ✧

ゲーム実況動画クリエイター。TAMAchanで、さまざまなゲームを楽しみながらしょうかいしているよ。1月22日生まれ、みずがめ座。血液型O型。身長161.2cm。YouTube チャンネル：TAMAchan（https://www.youtube.com/@tamachan222）、X：https://twitter.com/pearl_live 、Instagram：https://www.instagram.com/tama_chan_game

ゲーム時間をふやすために兄弟で"協力プレイ"をしました

わたしには姉、兄、弟がいて、みんなゲームが大好き。小学生のころは「ゲームは土日のみ。ひとり1日2時間まで」って親に決められていたんだけど、もちろんそんな時間じゃ足りない。フトンの中にこっそり持ちこんだり、親が出かけたときにゲームしたりしていました。あるとき、予定よりも親が早く帰ってきたことがあって。まさに、ピンチ！兄弟みんなであわててゲームをかた

づけたけど、親がテレビをつけたら「ゲームモード」の画面が出てきちゃって。プレイしていたことがバレちゃった…。

それをきっかけに、次回から親が外出したときは兄弟で駐車場を見はる役を決めて、親の車がもどってきたらすぐにゲームをストップ、という作戦を考えたの。ピンチが生み出した兄弟の"協力プレイ"は、大成功でした～。

高校に行けなかった時期、ゲームをやって過ごしました

わたしが大ピンチにおちいったのは高校生のとき。学校でイジメにあって登校できない時期があったの。家族にも心配されたけど、わたし自身、この先、どうしていいのかわからなくて、家でゲームをやって過ごしていたんです。

そのうちに母から「とりあえず高校を卒業できるようにがんばってみない？」と言われて。将来、やりたいことも決まっていなかったから、まずは「高校卒業」を目標にしようって思ったの。出席日数をクリアするために学校に行かなきゃいけないこともあったけど、がんばって通いました。

「ゲーム実況、やってみたら？」その言葉がささりました

そんなとき、知人から「ゲーム実況、やってみたら？」と言われたの。気軽なひとことだったのかもしれないけど、その言葉が強くささりました。ゲーム実況動画を見るのは好きだったけど、それまで自分でやろうと思ったことはなくて…。当時、やりたいことがなかったわたしに、突然、新たなビジョンが見えたの。

もともと、「人と違うことをしたい！」という思いが強かったんです。「女性では数少ない顔出しのゲーム実況者になろう！」「やるからには女性実況者のトップをめざそう！」、そんな決意が自分の中におりてきました。

そしていま、とても楽しくゲーム実況者として活動できています。高校時代の大ピンチがなければ、きっとゲーム実況者にはなってなかったはず。「ピンチ＝こまった！」っていうイメージがあるけれど、ピンチって新たな自分を見つけるきっかけにつながるのかもしれないね。

たまちゃん的 ピンチ切りぬけワザ

ゲームプレイ中など、ピンチになったときにたまちゃんが使ったいろんなワザはふだんの生活でも使えるよ。マネしちゃおう★

ニガテな相手に「あだ名」をつける！

ホラーゲームなどでコワいキャラが出てきたら、勝手に「あだ名」をつけてニガテ意識をやわらげる。身近な人は心の中で「あだ名」でよんでみよう。

「わざとやった」ことにする！

失敗したときは、「いまのは、わざとじゃ！」と発言して、なかったことにする。とりあえずダメージを軽くして、次回に期待しよう。

しつこい相手には「好かれている」と思いこむ！

やたらかまってくる相手のことは、「めっちゃ自分のこと好きじゃん！」と思っておく。もしかすると、ただ、相手をしてほしいだけっていう場合もあるかも。

自分の声をすなおにアピール！

「無理！」「コワすぎ！」「ムズイ！」…気持ちをすなおに声に出して自分の状態をチェック。できそうなことを見つけて前に進むようにしてみよう。

上ばきを
わすれた!!
を乗り切る!

第1章
チート的サバイバル術
学校ピンチ!!編

校長先生の話が
長すぎる!!
を乗り切る!

授業中、
ねむい!!
を乗り切る!

学校ピンチ!!編①
上ばきをわすれた!!

学校に着いて、くつをはきかえようとしたら…あれっ、上ばきがないっ!!

サバイバル術1 欠席している友だちの上ばきをかりる。

学校を休んでいる友だちの上ばきをかりちゃおう。ただし、あとで友だちに「勝手にかりちゃってごめん。でも、超助かった!!」とお礼を言うのもわすれずに。

サイズが小さかったらつま先立ちですごすしかない!

学校ピンチ!!編

サバイバル術 2

友だちにおんぶしてもらう。

教室に行ったり、校庭に出たりするときは友だちにおんぶしてもらおう。トイレに入るときだけは、友だちの上ばきをかしてもらえるかおねがいしてみよう。

くつ下に上ばきの絵をかいてごまかす方法もあるよね？ん？　できるよね？

学校ピンチ!! 編②
授業中、ねむい!!

給食のあとの5時間目の授業は、とにかくねむい。つい、ウトウト…。

サバイバル術 3 ノートに書いているポーズをしながらねる。

ノートを広げて、筆記用具を持ち、もう片方の手で頭をささえるようにしてねる。先生から見たら、まじめにノートをとっているすがたに見えるはず。

たまに体がガクッってなってはずかしいヤツだ!

まぶたに目のイラストをかく。

授業中にねてもバレないように、あらかじめまぶたに目のイラストをかいておく。まぶたをとじてもギンギンに目を見開いてるビジュアルが作れるよ。

案外、遠くから見たらバレないかもー？

学校ピンチ!!編③
ニガテな人と同じクラスになった!!

ニガテな人がクラスメイトになっちゃった。どうしたらいい？

サバイバル術 5　とうめい人間だと思いこむ。

同じクラスになった事実はかえられないから、「ニガテな人＝とうめい人間」だと思ってしまおう。その人のことは見えないから気にすることもなくなるよ。

逆に仲よくなってみるのもありかも!?

学校ピンチ!! 編④
先生のギャグがわらえない!!

「いまの、もしかしてギャグですか?」全然おもしろくないですけど…。

サバイバル術 6
大きく開けた口の絵をマスクにかく。

先生のおやじギャグ、スルーしてフキゲンになられてもこまるよね。そんなときは爆笑している口のイラストをかいたマスクを装着してやりすごそう。

笑っちゃいけないときはマスクを外そうね。

学校ピンチ!!編⑤
授業中、トイレに行きたくなった!!

休み時間までガマン、いや、ムリなんだけど…。

サバイバル術 7
教室のうしろのドアをこっそり開けてほふく前進で行ってくる。

先生にバレずに教室をぬけ出すには、はらばいになって動く「ほふく前進」がおすすめ。クラスメイトには決して視線を向けないようにたのんでおこう。

すなおに「トイレに行きたいです。」でいいじゃん。

サバイバル術 8 「お花をつみに行ってきまーす♥」と言う。

「トイレに行く」意味を表すヒミツのことばの中でも品のある言い方がコレ。聞いてもイヤな気持ちには決してならない便利なことば。安心して使ってね。

だから、すなおに「トイレに行きたいです。」でいいじゃんか！

学校ピンチ!!編⑥
長い感想文を書かなきゃいけない!!

感想文の宿題が出た。「原こう用紙2枚以上」とか、ムリなんだけど…。

サバイバル術 9　なるべく文字数の多いことばをえらぶ。

文字数をふやすには、改行を多く使うほか、文字が多くなることばを選ぶという方法がある。同じ意味でもなるべく文字数の多くなることばをさがしてみよう。右の表を参考にしてね。

文字を多くすることば

言う	➡ しゃべる。気持ちを伝える。
おどろく	➡ ビックリする。しょうげきを受ける。
食べる	➡ 食事をする。口に入れる。
泣く	➡ なみだがこぼれる。泣きじゃくる。
やさしい	➡ 思いやりがある。気配りができる。
うれしい	➡ うきうきする。気持ちが前向きになる。
悲しい	➡ 気持ちが落ちこむ。どんよりした気分になる。

学校ピンチ!!編

サバイバル術 10

「ガチャーン!」「キュン♥」など オノマトペを使う。

オノマトペとは、動物の鳴き声や物音など、音のしない状態や感情を音にたとえて表現したもの。「犬がほえる。」より、「犬が『ウーッ、ワンワン!』とほえる。」のほうが効果的。

オノマトペを使ったこんな表現例

ザワザワとさわがしい人が多い場所。

じゃ口をひねって水を**ジャーッ**と流した。

ピョンピョンとびはねてよろこんだ。

カチャカチャ音をたてて皿をあらう。

配達の人が「**ピンポーン**」とチャイムをならした。

学校ピンチ!! 編⑦
テスト中、消しゴムを落とした!!

つくえの上から消しゴムがコロンと下へ…。うわ、どうするよ？

サバイバル術 11 消しゴムのカスを集めて消す。

それまで消したときに出た消しゴムのカスを集めてこすってみる。きれいに文字が消せなくてもそこは気にせず、ゴーインに書き直して提出しよう。

わゴムでこする方法もあるんだって！ペンケースに入れておこう！

学校ピンチ!!編

まちがえた文字を毛虫にアレンジする。

まちがえた文字をぬりつぶしたあと、目玉をかいて毛虫にアレンジ。ほほえましい努力に先生も状況を察してくれるはず。◎をくれるかもしれない!?

そんなことをしていたら解答時間が足りなくなるんじゃ。

学校ピンチ‼編⑧
給食にニガテなおかずが出た‼

なるべく残さず食べたいのに、ニガテなおかずが出ちゃった…。

サバイバル術 13

「コレ、おいしー♥」と言って気持ちをアゲて食べてみる。

ニガテなおかずは、もしかすると、まだおいしさに気づいていないだけかも？「おいしい♥」と自分の気持ちをもり上げて食べてみると、新たな味かくにめざめるかも。

「わたしの分もあげる♥」なーんて言われないようにね。

学校ピンチ!!編

まわりの友だちとおかずをトレードする。

ニガテなおかずを交かんしてくれる友だちを探してみよう。事前に「こん立て」のチェックをして、早めに友だちと話をしておくとスムーズだよ。

同年代だと好みがかぶるかも？校長先生とトレードしてみるのは？

学校ピンチ!!編⑨
おべんとうを食べようとしたら、はしが入ってない!!

おべんとうを出してみたら、はしがない。いまさら取りに帰れないし。

サバイバル術15 指をチョキにして食べる。

指をじゃんけんのチョキにして、はさんで食べよう。ひとさし指と中指をピンとのばすのがポイント。両手をチョキにして右手と左手で交ごに食べてもいいね。

気分は まるで、カニ!?

エンピツ2本で食べる。

学校ピンチ!!編

サバイバル術 16

エンピツ2本をはしの代わりに使ってみよう。エンピツの長さをなるべくそろえたほうが使いやすいよ。エンピツはキレイにあらってから使おう!

すべりにくい六角形のエンピツをおすすめします★

23

学校ピンチ!! 編⑩
ウワサ話を聞いて、トイレから出にくい!!

トイレ中、ドアの外でウワサ話が始まった。出にくいんだけど…。

サバイバル術 17 トイレットペーパーをはげしく回して「ほかの人、います!」感をアピール。

ぬすみ聞きしたと思われないためにも、トイレットペーパーを回す音で「人、います!」感を出して。それでも話が終わらなければ、気にせずオチまで聞こう。

ほかに人がいるってわかるはずなのに気づかないのよね。なんでなん!?

学校ピンチ!!編

サバイバル術 18
「いまの話、聞かなかったことにしてあげようか?」と、上から目線で対応する。

話を最後までしっかり聞いたタイミングで、ゆっくりドアを開けて言ってみよう。「…話は全部聞いた!」と、強めなことばを加えてもよいかも。

なんでマウント!?不穏な空気が生まれる予感しかしないけど?

学校ピンチ!!編⑪
ランドセルが重い!!

教科書、ノート、ワーク、資料集がぎっしりつまっているんだよね…。

サバイバル術 19　教科書は学校に置いて帰る。

教科書だけでなく、ノート、ワーク、資料集までぜーんぶ置いて帰っちゃえばいい。ペンケースと宿題が出た教科だけ、持ち帰るようにしてみよう。

わたしも小学生のときやってたな…。

サバイバル術 20 かたベルトの間に手を入れる。

学校ピンチ!!編

かたベルトの間に手を入れて持つことで、ランドセルの重さを分散させて軽く感じることができる。かんたんにできるワザだから、マネしてみてね。

スゴイコ。やってみたらホントに軽くなったよ。

学校ピンチ!!編⑫
観察用の植物がかれた!!

観察記録をつけていた植物。ふと見たら、自分のものだけがかれている!!

サバイバル術 21 同じ植物を買ってきて植えかえる。

かれてしまったものは仕方ない。同じ植物を買ってきて植えかえよう。学年全員が育てている植物、ひとつ変わっても気づかれないはずだよ。

くれぐれも水やりをわすれないでね!

サバイバル術 22 「来年がんばります！」というプレートを立てておく。

学校ピンチ!!編

ひとまず、今年の観察は終了〜。「あまり観察できずに終わった」という反省をわすれず、次回に期待しよう。プレートに来年への意気ごみを表明しておくと◯。

その意気ごみ、1年後までもつかな？

学校ピンチ!!編⑬
先生におこられた!!

先生におこられちゃった…。印象をよくするにはどうすればいいかな。

「すみませんでしたっ!」と言いわけをしないで、ソッコーあやまる。

自分が悪かったのであれば、すぐにあやまろう。すなおな態度を見せることで、先生も「反省しているな。」とよい印象に受け止めてくれるよ。

それが正しい！あやまるのは大事！

サバイバル術 24 「きのうは、すみませんでしたぁぁぁっ!」次の日も先生にかけよって、強めに伝える。

先生に強めの口調でしかられたときは、次の日にも反省している気持ちを伝えておこう。「ひと晩、しっかり考えたんだな。」と、好意的に受け止めてくれるはず。

あわせて深々と頭を下げるのもわすれずにね。

学校ピンチ!! 編⑭
校長先生の話が長すぎる!!

朝礼の話が長い、長すぎる、もう限界…。だれか止めてー。

サバイバル術 25 ひたすら時計を見つめて時間がたっていることをアピールする。

「話の時間が長すぎる」というアピールをするために、まわりの生徒といっしょにひたすら時計を見つめてみよう。人数が多いほど効果があるはず。

圧、強ッ〜汗。
「10分たちました!」とどのくらい話しているか教えてあげるのもよいかも。

学校ピンチ!!編

サバイバル術 26 「持ち時間、残り1分です!」というカンペを出す。

「話が長い」と思ったら、カンペを出すのもアリ!?校長先生とて、カンペにはさからえないはず。時間どおりに話をしめたあとは、せい大なはく手を。

体調が悪いふりをして保健室にGOもありだね。

レッスン① 写真でひとこと

秒でトライ！ 動物バージョン

A

B

A【例】「奥歯、C1（むし歯のはじまり）だね」　B【例】「サケ、早く登って来いや〜！」

ピンチのときに必要なのは、その場の判断力。ヤバいシーンを笑いにかえるセンスを身につけるレッスンをしよう。まずは、写真を見てひらめく「おもしろコメント」を考えてみて★

★レッスンの正解はなし！　コメント例は下でしょうかいしているよ。

学校ピンチ!!編

C

D

Ⓒ【例】「フン、下界の人間どもめ！」　　Ⓓ【例】「エックスって、こんな文字だっけ？」

ピンチを救うコラム❶

\毎日 HAPPY ★/
テンションをアゲるかんたんアイディア

気分をアゲて毎日を楽しくすごすためのアイディアをしょうかい。
どれもかんたんにできるから、ぜひトライしてみて。

大きな声を出す

あいさつをする、歌をうたう、じゅ文をとなえる…大きな声で行えばスッキリした気分になれる。おなかから声を出してみよう。

お気に入り音楽でリズミカルに

出かける前のしたく、部屋のかたづけ…ちょっとめんどうに感じる作業のとき、お気に入りの音楽をかけて気分をアップさせよう。

自分のサインやアイコンを決める

自分のサインやアイコン（マークなど）を決めてみよう。ノートなどの持ち物にサインを書くだけで、気分がアガるよ。イラストをかいてもいいね。

「推し」の写真を天井に

天井に大すきな「推し」の写真をはろう。見上げて目を合わせてからねむると、「推し」の夢が見られるかも？起きたときも一番に目が合うよ。

落ち着くためのルーティーンを見つける

「ちょっと心配な気もちになったときは片足を上げて両手ピースをする！」など、自分なりのルーティーン（決めごと）を見つけておこう。

36

友だちと服が
カブってた!!
を乗り切る!

第 2 章
チート的サバイバル術
友だちピンチ!!編

ギャグが
スベった!!
を乗り切る!

借りたマンガに
ジュースをこぼした!!
を乗り切る!

37

友だちピンチ!!編①
遊ぶやくそくをしたけどことわりたい!!

友だちと遊ぶやくそくをしたけれど、気がすすまなくなった…。

サバイバル術 27
「ごめん、来週だと思ってた。」と、日にちをカン違いしたことにする。

曜日だけで覚えていて、日にちをカン違いしていたことにする。「やくそくはおぼえていたけど、今日は遊べない」という意思を伝えられるよ。

2回目はおそらくバレちゃいそう。

サバイバル術 28
体調が悪いようすを演じる。

やくそくをドタキャンするには、急な事情をよそおうしかない。体調が悪くなったことにしよう。「少し体がだるくて。」など、心配をかけすぎない理由に。

ブランコで乗り物よいしたっていうのはどうかな？

友だちピンチ!!編②
マンガを返してくれない!!

友だちにマンガを貸したけど、まだ返してもらってないんだよね…。

サバイバル術 29 ほかにも読みたい人がいることにする。

「ほかにも読みたい友だちがいるけど、あと、どのくらいかかるかな?」と聞いてみよう。順番待ちの人がいるとなれば、すぐに返してくれるはず。

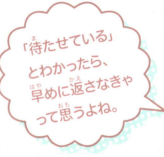

「待たせている」とわかったら、早めに返さなきゃって思うよね。

サバイバル術 30
「〇〇（自分の名字）図書館の返却期限、すぎてるよー？」と言ってみる。

返却日について話していなかったとしても、決まっていたように聞いてみよう。「あれ、そんなこと話したっけ？」と思いながらも、早めに返してくれるよ。

かりパクはダメ。ゼッタイ。

友だちピンチ！！編③
かりたマンガにジュースをこぼした！！

うわ、マンガにグレープジュースがこぼれてシミになっちゃったよぉ。

サバイバル術 31
キッチン用のひょう白ざいを使ってジュースのシミを取る。

①シミの部分にコットンをあてて水分を取る。
②別のコットンにキッチン用ひょう白ざいをつけて、シミの部分にやさしくなじませる。あらかじめページのうらに紙をはさんでおき、シミをその紙にうつすようにする。
③新たなコットンに水をふくませて②と同じ手順でシミを紙にうつすようにする。シミが消えるかは状況＆テクニックなどにもよるよ。

★ひょう白ざいは直接さわらないようにビニール手ぶくろやわりばしを使って作業しよう。大人といっしょにためしてみてね。

サバイバル術 32

「ごめん！ 色がついちゃった。サイダーを飲むべきだったよ…。」とあやまる。

まずは、友だちの本をよごしたことをきちんとあやまろう。そして、とうめいなサイダーじゃなく、グレープジュースを選んだミスについてもわびよう。

いや、そういうことじゃないでしょ！

友だちピンチ!!編④
テレビ番組の話に入れない!!

みんなで話題の番組の話をしているけど、見てないんだよね〜。

サバイバル術 33　「そういや、このまえのアレ、どうなった〜？」と、ちがう話題をふってみる。

入れない話題がずっと続いているのはツラい。ちょっとだけ話を聞いたらタイミングを見てちがう話題をふってみよう。意外とすぐ話題がかわるよ。

すなおに「何それ？教えて〜。」でよくない？

友だちピンチ!!編⑤
ナイショ話を、ほかの人に話したのがバレた!!

「ここだけの話」と言われたけど、友だちに言っちゃった…。

サバイバル術 34　「『ここだけの話』の『ここ』って、地球上ってことだよね?」とボケる。

ここ!

宇宙には話してないから〜!

「ここだけの話＝地球上だけの話」と理解していたことにする。ただし、次回から、友だちが「ここ」の範囲を明確にしてくることは覚悟しておこう。

友だち、いなくなっちゃうよ?

45

友だちピンチ!!編⑥
早く帰りたい日に友だちにつかまった!!

習いごとがあって早く帰りたいのに、友だちの話が終わらなくて…。

サバイバル術 35

「全部聞くと楽しみがなくなるから続きは、明日聞かせて。」と言う。

話をさえぎられるのはイヤな気持ちになるけれど、「明日また聞かせて。」と言われたら悪い気はしないもの。「じゃ、明日ね。」と自然にバイバイできるよ。

明日もあさっても、その次の日も…続きがあるかもしれないよ?

友だちピンチ!!編

サバイバル術 36
いきなり、「10秒前！ 9、8、7…」と、カウントダウンでダッシュする。

カウントを数えれば、だれもがスタンバイしてしまいがち。「スタート」と同時に友だちに「じゃ、また明日。」とあいさつしてダッシュで帰宅しよう。

全力ダッシュでついてくる展開もあるかも!?

47

友だちピンチ!!編⑦
ギャグがスベった!!

おもしろギャグを言ったつもりが１ミリもウケない！時よ、もどれ…。

サバイバル術 37　「…って、〇〇が言ってた。」と、友だちの名前をつけ足す。

「ヤバい、スベった…」という空気を感じたときは、友だちが言ったことにしよう。ウケてないと察したら、すばやく友だちの名前を出そう。

名前を出した友だちに逆バージョンも使わせてあげてね。

サバイバル術 38 「シーーン！」と効果音を言って気まずい空気をごまかす。

友だちピンチ!!編

シラーッとした空気を感じたら、わざと大きな声で「シーン！」と言ってみよう。意外とウケることもあるよ。一発逆転めざして、レッツトライ！

大爆笑の効果音を入れよう！

友だちピンチ!!編⑧
友だちのたん生日をわすれた!!

あれ、いつだったかな？　教えてもらったのに思い出せないよ。

サバイバル術39 友だちの家族にこっそり教えてもらう。

直せつ聞きにくいときは、友だちの家族に教えてもらおう。たん生日を聞いたことは、友だちにはナイショにしてもらうようにおねがいしておいてね。

家族にまで聞いたからには何かおいわいするんだ…よね？

友だちピンチ!!編

サバイバル術 40 「たん生日がわかるクイズ」を出して確認する。

「数字のクイズを出すから答えて。」と言って友だちに答えてもらおう。「⑤で出てきた数字を教えて。たん生日になるのよ。」と言いながら、友だちのたん生日を確認して。

たん生日クイズ

❶ 生まれた月を 4 倍した数字は？
❷ それに 9 を足した数字は？
❸ それを 25 倍した数字は？
❹ それに生まれた日を足した数字は？
❺ それから 225 を引いた数字が 友だちのたん生日

例 831の場合は、8月31日がたん生日。

友だちピンチ!!編⑨
友だちが、なぜかおこってる!!

とくに何かしたおぼえはないんだけど、友だちのキゲンが悪いみたい?

サバイバル術 41 自分とは無関係の理由かも？3日くらいようすを見る。

はっきり不満を言われていなければ、「おなかがすいて落ち着かない」など、ほかに原因がある場合も。3日間くらいようすを見て判断してみよう。

逆にどんどんいかりメーターがあがっちゃいそう。

友だちピンチ!!編

サバイバル術 42 「何かいいことあったでしょ？」真逆の質問をしてみる。

理由がわからなければ、あえて逆の質問を。「そんなわけないでしょ。このまえ…」と、気持ちを口にするかも。理由がわかれば行動のヒントにつながるよ。

どうせならとびっきりの笑顔で聞いてみて。

友だちピンチ!!編⑩
新しく買った服が友だちとカブってた!!

親が買ってきた服が友だちの着ている服と同じだった。しれっと着ても平気?

サバイバル術 43
カブらないように曜日を決めて着る。

「わたし、月、水、金で着てくるから、あなたは、火、木で、どう?」と着用シフトを提案してみる。あえて、おそろデーを決めてみるのもありかも。

先に着ていた友だちが月、水、金じゃなくて?

サバイバル術 44 前後逆に着て、ちがう服に見せる。

友だちとおそろだとバレないように、前後を逆にして着て行ってみて。指てきされたら、「ちょっぴり、にてるか・も・ね?」と、におわせておこう。

意外とオシャレかもー!やってみよ!

友だちピンチ!!編⑪
友だちのゲームソフトを持ち帰ってしまった!!

友だちのゲームソフトをかりたまま帰ってきちゃった…。マズい？

サバイバル術45 自分のソフトも相手に貸す。

「かりている」だけの立場だと、ちょっと負い目を感じてしまうけど、おたがいに「貸しかり」をすれば同じ立場になれる。自分のソフトも貸そう。

「友だちのソフトを持ち帰ったから自分のも貸す」、…ありなのか？

サバイバル術 46

「貸してくれてありがとう!」と言って、次の日に返す。

友だちピンチ!!編

ソフトを友だちにかりた流れをよそおって、明るくお礼を言って返す。友だちは「あれ、貸したっけ？ ま、いっか。すぐに返してもらったし。」と思うよ。

次の日に返すならセーフかな!?

友だちピンチ!!編⑫
ゲームに負けた友だちがおこった!!

対戦ゲームに負けた友だちがおこっちゃったよ。こまったな。

サバイバル術 47　「もう1回やろう。」とさそって次は「負け」を演じる。

友だちと楽しくゲームを続けるためには、ここでプチ演技。「もう1回やろう。」と声をかけて、次は負けてあげよう。わざとらしいとバレるので注意。

勝ったとき、ハデによろこびすぎないことも大事だよ。

友だちピンチ!!編

サバイバル術 48 イヤなふんい気を変えるためにおやつ休けいの時間にする。

「じゃ、おやつにしよ。」と言って、ひとまず休けいタイムに。ゲームに関係ないことを話題にしながら空気がなごんだところで、プレイを再開しよう。

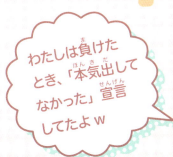

わたしは負けたとき、「本気出してなかった」宣言してたよw

友だちピンチ!! 編⑬
好きな人が友だちといっしょだった!!

クラスのYくんのこと、友だちも好きみたい。ライバル出現!?

サバイバル術 49　「Yくん、いいよね♥」と、いっしょに推し活する。

好きな人が同じなら、「推し活」のノリでいっしょにもり上がろう。好きなところを言い合ったり、知っていることを教え合ったりしよう。

Yくん推しの特別なよび名も決めちゃって★

サバイバル術50 友だちと同時に告白する。

関係がややこしくなる前に、友だちといっしょに告白をして彼にジャッジをゆだねる。どちらを選ぶか、もしくは2人ともフラれるか、2人とつきあうのか!?

Ⓐ【例】「いい夢見てたのに、何で起こした!?」　Ⓑ【例】「パラボラアンテナ、ふやしたよ〜!」

ピンチにそうぐうしたときのヤバいシーンをソッコーで笑いにかえるセンスを身につけるレッスンその2は人間バージョン。写真を見てひらめく「おもしろコメント」をフキダシ内に入れよう★

★レッスンの正解はなし！　コメント例は下でしょうかいしているよ。

友だちピンチ!!編

C

D

©【例】「ハンドパワーでコップをたおしてみました。」　 D【例】「えっ、CMなのに本物の炭酸飲料使ってたの？」

63

ピンチを救うコラム②

ピンチに役立つ★ リラックスワード

「ヤバい、どうしよう！」、ピンチになるとアタマがまっ白になることも。
つぶやくだけで落ち着けることばをしょうかいするよ。

「ピンチは チャンス！」
こまったときこそ、新しいアイディアが生まれるものだよ。

「きっと、だいじょうぶ！」
つぶやくだけでも、心が落ち着くよ。

「なんとか なるさ〜。」
たいていのことは、意外と何とかなるものだ。

「ちょっと落ち着いて考えてみよう。」
パニック状態で行動すると失敗しがち。あせらず落ち着いて考えれば、よい解決策が見つけられるよ。

「たまには、こんな日もある！」
毎日、すごしていればよくないことが起きる場合もあるのはあたりまえ。それが人生！

「またひとつ、新たな経験がふえた！」
ピンチをのりこえた経験は、必ず未来に役立つよ。

64

親にゲーム機を取り上げられた!!を乗り切る！

第3章
チート的サバイバル術
家族ピンチ!!編

おこづかいの金額が上がらない!!を乗り切る！

家族のおやつを勝手に食べた!!を乗り切る！

家族ピンチ!!編①
買い物のおつりを使いこんでしまった!!

親にたのまれた買い物のおつりでおかしを買ってしまった…。

サバイバル術 51
「商品が値上がりしていた」ことにする。

食品など身の回り品の値だんが上がっている世の中。たのまれた商品も値上がりしていたことにしよう。細かくツッコまれないよう、早めに話題をかえて。

レシートを見られたら一発でバレるって!

家族ピンチ!!編

おつりは寄付したことにする。

レジの横に置いてある募金箱におつりを寄付したことにする。「小ぜにを少し入れてきた。」など、全額ではなく、おつりの一部を寄付したことにしよう。

いやいや、ダメでしょ。すなおにあやまろう！

67

家族ピンチ!!編②
習いごとをサボって公園にいるところを見られた!!

うわ、親だ！ 今日は行く気がしなかっただけなんだけど。

サバイバル術 53
「今日は、先生がお休みだって～。」と、習い事が休みだったことにする。

サボっているすがたを見られたら、「習い事が今日はお休みだった」と言っておこう。親にうたがわれる前に「じゃ、宿題やるね。」とその場から立ち去るべし。

2回目からは「今日も」って言えばいいかな？

「わたしにそっくりな人だよ!」と言っておく。

サバイバル術 54

家族ピンチ!!編

親に「習い事の時間に公園にいたのを見た。」と言われたら「きっと、わたしにそっくりな人だよ!」と答えて。「自分なわけがない。」と軽く流しておこう。

自分にそっくりな人、世界に3人はいるらしいよね。

69

家族ピンチ!!編③
宿題をやらずにマンガを読んでいるところを見られた!!

足音をたてずに急に部屋に来るんだもん。ズルいって〜。

サバイバル術 55
「歴史マンガだよ。」と言いはる。

「歴史マンガ」を読んで社会の勉強をしていたと言おう。ギャグマンガでも「人類のコミュニケーション能力の進化」、つまり、歴史マンガになるよ。

強い気持ちで言いはろう!

調べものをしているふりをする。

家族ピンチ!!編

「あの漢字、このあたりに使われていたんだけど…。」などとつぶやいて、マンガに出ていた文字を探すふりをしてみよう。まじめな表情もわすれずにね。

さあ、役者になるときが来た!!

家族ピンチ!!編④
見たい番組があるのに、チャンネルをかえにくい!!

歌番組が始まるのに家族はスポーツ中けいに熱中。歌番、見たい!!

サバイバル術 57
CM中にチャンネルをかえてそのままにしておく。

CMになったら「ちょっと、ほかの番組を見せて。」と言って、しれっとそのまま放置。家族も何となくそのまま歌番組を見続けてくれるかも。

家族平和のためにも録画しとこ!

72

チャンネルをかえたあと リモコンをかくしておく。

家族ピンチ!!編

見たい番組が始まったら、チャンネルをチェンジ。そのあと、リモコンをかくす。「スポーツ番組にして。」と言われたら、「リモコン、どこ？」で時間をかせごう。

家族がトイレに行ったときがチャンスかな？

家族ピンチ!!編⑤
家族のおやつを勝手に食べたのがバレた!!

「これ、食べたでしょ!」と文句を言われた。やっぱ、ダメか…。

サバイバル術 59
「無記名だったから、食べても OK だと思っていた。」と言う。

「名前が書いてない＝ご自由にどうぞ。」だと理解していたことにしよう。食べちゃダメなものには「○○専用」と名前を書くルール設定を申し出てみて。

家族平和に欠かせないルールだね。

妖怪のしわざにする。

家族ピンチ!!編

「もしやそれ、妖怪のしわざでは？」と言っておこう。イタズラする「ざしきわらし」のような、おやつを勝手に食べる妖怪がいるにちがいない。

妖怪のしわざだったとは！…で、だれか見た人いる？

家族ピンチ!!編⑥
おこづかいの金額が上がらない!!

学年は上がったのにおこづかいは上がらない。異議あり！

サバイバル術61 「買いたいものリスト」を作って見せる。

買いたいものを書き出して、「毎月のおこづかいをためてこれだけのものを買いたい」と強くアピールしよう。計画性がわかれば、親も考えてくれるかも？

いっそのことプレゼンしちゃう？

サバイバル術 62 「宿題しない」ストライキを決行する。

「値上げしないなら学業はしない！」という強行作戦をとる。長期戦におよぶ場合、たん任の先生にもストライキ中だという事情を伝えておこう。

世の中の親は手ごわいぞ！

家族ピンチ!!編⑦
お母さんが口をきいてくれない!!

理由はわからないけど返事をしてくれない。おこってるみたい…。

 とりあえずあやまってみる。

「ちゃんとしてなくてごめんなさい。」など、広い内容にヒットしそうなあやまり方をしてみる。理由がわからなくても「何かあった？」と聞かないほうがよいかも。

「何が？」と聞かれたときの回答も用意しないとねー。

トイレに閉じこもってリアクションを確かめる。

口をきいてくれなかったとしても、トイレは絶対に使うスペース。閉じこもれば「早く出て。」などの声がけがある。ひたすら待ってみよう。

いかりを倍増させるリスクもあるけどね？

家族ピンチ!!編⑧
親にゲーム機を取り上げられた!!

「やりすぎ！」と、親にゲーム機を取り上げられた。返してよー。

サバイバル術 65　「ゲームのアップデートに時間がかかった。」と説明する。

たまに必要になるゲームのアップデート。そのあいだはプレイができず待ち時間になるため、それを理由にしてみよう。納得してくれるかも。

ゲームあるあるだよね〜。

家族ピンチ!!編

サバイバル術 66 「使いすぎ！」と、親のスマホを取り上げる。

親がスマホを使用していたら、「使いすぎ！」と言って、取り上げてみよう。親に取り上げられたゲーム機と交かんすれば一件落着だよ。

それをする勇気キミにはあるかな？

家族ピンチ!!編⑨
トイレでゲームをしているのがバレた!!

トイレにこっそりゲーム機を持ちこんでプレイ。…親は気づいてた！

中で、何やってるのか、わかってるわよ

サバイバル術 67
「たまたまポケットに入ったままになっていた。」と言う。

フーディなどの大きめポケットにゲーム機をすっぽり入れていたので、気づかないままトイレに行ったことにする。トイレを出る前、ゲーム機の電源はオフに。

データのセーブはあきらめるしかないね。

家族ピンチ!!編

サバイバル術 68 トイレ時間もバッチリ有効活用していることを説明する。

遊ぶ時間を別に作らず、トイレ時間を利用してゲームをすれば1日をもっと有効に使えて勉強時間もふやせる。時間術のテクニックとして説明してみよう。

「時間術」としては一理、あるかも？

家族ピンチ!!編⑩
親の帰宅時間が予想より早かった!!

親の外出中にゲームをしていたら、いきなり帰って来た。ヤバいって！

サバイバル術 69　「宿題が終わって、いまからゲーム始めるとこ〜。」と言う。

もはやゲーム機を片づけている時間はない。ならば、開き直って「いまから始めようとしていた」ことに。初期画面にもどしてリアリティを出そう。

親が信じてくれるかどうかはわからないけどねえ…。

家族ピンチ!!編

サバイバル術 70 「ポストに手紙、入ってなかった？」など時間かせぎトーク中に片づける。

ゲーム機を元の場所にもどすなどプレイの証拠を消すために時間かせぎトークを。「郵便、きてたか見て。」などと言って部屋の状態に気づくのを遅らせよう。

兄弟がいれば、協力プレイがおすすめだよ★
(P.4 参照)

85

レッスン❸

マニア度チェック Q&A
たまちゃんチョイスはどーれだ？

たまちゃんに好きなものやこだわりを聞いてみたよ。答えは①～③のどれかわかるかな？ 「たまちゃんマニア度」 をチェックしてみよう。

♥ Q1
好きな色は？
① ピンク
② ブラック
③ イエロー

♥ Q2
好きな食べものは？
① シェフの気まぐれサラダ
② 寿司
③ 給食の食パン

♥ Q3
ニガテな食べものは？
① プチトマト
② 消費期限切れの食品
③ ペットフード

♥ Q4
推しキャラは？
① 磯野カツオ〔サザエさん〕
② ウナギイヌ〔元祖天才バカボン〕
③ 野原しんのすけ〔クレヨンしんちゃん〕

♥ Q5
よく聴く音楽は？
① ドレミの歌
② Vaundy
③ 校歌

♥ Q6
ストレスを発散する方法は？
① コンビニで爆買い＆爆食べ
② 自転車で爆走する
③ ドラムで爆音を出す

★答えはP120を見てね。

♥ Q7 さみしいときの過ごし方は？
① ぬいぐるみをギューッする
② レモンをギューッする
③ ぞうきんをギューッする

♥ Q8 行ってみたい場所は？
① ヨーロッパ
② USJ
③ 南極

♥ Q9 無人島に持って行くなら何？
① 人生ゲーム
② 国語辞典
③ ドラえもん

♥ Q10 超能力が使えるとしたら、何をする？
① 人の気持ちを読む
② 天候をあやつる
③ 睡眠をコントロールする

家族ピンチ!!編

もっと知りたい！教えてたまちゃん

★実況動画制作にかかる時間は？
1本作るのに平均約10時間。

★動画撮影で気をつけていることは？
ほかの人が気づかないような部分にツッコミを入れるなどして個性を出すこと。

★尊敬しているユーチューバーは？
瀬戸弘司さん。キヨ。さん。

★しゃべりがじょうずでカツゼツもよいけれど、トレーニング方法は？
とくに何もしていません。兄弟4人ともみんなおしゃべりなので、そこできたえられたのかも？

★実況動画のファッション、メイクなどを決める方法は？
リラックスして過ごせるようなルームウェアを選んでいます。フェイスシールは、わたしのアイコンにもなっているのでポイントに使ってます。ネイルやメイクはピンク系が好きです。

★ゲームをしていて楽しいと思うのはどんな瞬間？
複数人でやっているとき。大人になってからは、対戦よりみんなとコミュニケーションができる協力プレイのほうが楽しいです。

★これから何か新しく始めたいこと、目標などは？
目標はチャンネル登録者数100万人！ ゲームイベントにオフラインで参加してみたい。あと、ゲームのときにも着やすいルームウェアブランドを作ってみたいです。

87

ピンチを救うコラム❸

いざというときに使える!? ザ☆忍法

体と頭を使ったテクニックでピンチをのりきる忍者。いざというときに備えて忍法をマスターしておけば、ピンチをのりきることができるかも!?

足並み十法

後ろ足を引き上げる「ぬき足」、地面をするようにして歩く「すり足」、歩はばを大きく歩く「大足」ほか、10通りの歩き方。その場からこっそり去りたいときなどに。

木の葉がくれ

木の葉や草むら、木の上などに身をかくす方法。会いたくない相手を見つけたときに、サッとすがたをかくせるようになっておこう。

金とんの術

かねを鳴らしたり、ぜにをまくなど、金属類の音を使って相手の気をそらす方法。とりあえずその場から立ち去りたいときなどに。小ぜにの用意もわすれずに。

分身の術

スピーディに動きながら自身の残像をつくり、自分が何人もいるように見せるやり方。相手を混乱させたいときなどに使ってみて。

第 4 章
チート的サバイバル術
生活ピンチ!!編

生活ピンチ!!編①
くつ下が片方しかない!!

あれ、片方しか見つからないぞ。いったいどこに行ったんだろ?

サバイバル術71　ほかのくつ下とコーディネートする。

「これとこれのコラボにしちゃお!」

片方しかないなら、ほかのくつ下と組み合わせよう。色やもようなど、服とのバランスを考えてコーディネートを楽しんでみてね。

ファッションセンスがアップするね。

90

サバイバル術 72 白のくつ下の代わりに包帯をまく。

生活ピンチ!!編

白のくつ下が片方しかないときは、片方の足に包帯をまく方法がおすすめ。遠くから見れば両足とも白いくつ下に見えるから、違和感なくすごせるよ。

残った片方のくつ下もなくしてスッキリするのもあり？

生活ピンチ!!編②
タマゴをわったら中にカラが入った!!

タマゴをわったら、われたカラが入った。なかなか取れないよ〜。

サバイバル術 73
「カルシウムがプラスされた♥」と前向きにとらえて気にせず食べる。

タマゴのカラは、ほとんどがカルシウム。粉末にして家庭で食べてもOKと言われている。そのまま調理して食べても問題ないので安心してね。

「ジャリッ！」っていう食感も楽しむのもありかなぁ。

サバイバル術 74 指に水をつけて取る。

生活ピンチ!!編

はしでつまもうとしてもズルッとすべるだけ。そんなときは、水をつけた指を近づけて。表面張力でカラが水にくっついて、すんなり取れると言われるよ。

めずらしく科学的なサバイバル術！やってみよ。

生活ピンチ!!編③
かみの毛にねグセがついた!!

起きたら、かみの毛が思いきりハネてる…。学校にも行かなきゃなのに。

サバイバル術 75

１日、手でおさえてすごす。

ハネが気になるなら、手でしっかりおさえながら１日をすごそう。夕方くらいには、もしかするとハネが落ち着いている…なんてこともあるかもしれない。

猫耳ヘッドホンつけちゃおう♥

94

生活ピンチ!!編

サバイバル術 76

ねグセをいかした
アレンジヘアを楽しむ。

これぞ、ピンチが生み出すミラクル。ねグセが生み出したヘアは、とても芸術的。ワックスなどでキープして、クセをいかしたアレンジヘアを楽しんでみよう。

毎朝の楽しみが
ふえるね♥

生活ピンチ!!編④
服のファスナーが動かない!!

着がえようとしたら、ファスナーが動かない。布がはさまっているみたい!?

サバイバル術 77 マイナスドライバーをはさんで布を引き出す。

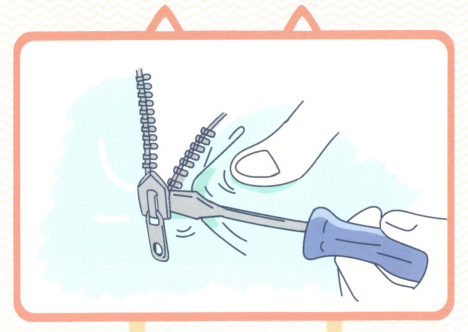

ファスナーに布がはさまったら、次の方法をためしてみて。①ファスナーの金具の後ろにマイナスドライバーを差しこむ。②すき間を作って布を引っぱる。

バッグに1本、ドライバーを入れとこ★

生活ピンチ!!編⑤
すぐ飲みたいのに炭酸飲料がふき出しそう!!

炭酸飲料を飲もうとしたら、中身がプシューッ！　うわ、カンベンして。

サバイバル術 78　両手を使ってコロコロ転がしてからあける。

ふき出しをさけるには、ペットボトルについた気泡をへらせばよいと言われている。両手でもって転がしたあと、ペットボトルを立ててからそっとフタを開けて。

炭酸をなんだと思ってるの？

生活ピンチ!!編⑥
シールがうまくはがせない!!

ゆっくりはがしていたのに、と中でベリッ！ シールはがしってムズい…。

サバイバル術79
つめをヘラの代わりにしてそーっとはがしていく。

つめをのばして、ヘラのカタチにカットする。シールのカドにつめをあてて少しずつはがしていこう。動かしやすいひとさし指のつめがおすすめ。

上から
ほかのシール、
はっちゃえば？

とにかくそーっとはがす。

シールとつめに全神経を集中させて、そーっとそーっとはがしてみよう。その集中力さえあれば、念力を使ったかのようにはがれるはず!?

ドライヤーの温風をあてると、はがれるらしいよ。

生活ピンチ!!編⑦
ビンのフタが開かない!!

ジャムなどのビンのフタって、かたくてなかなか開かないんだよね。

サバイバル術81 プロレスラーに開けてもらう。

歯がたたないほどフタがかたくしまっている場合は、パワーのあるレスラーにたのんじゃおう。ビンのフタを開けることは、朝メシ前にちがいない。

プロレスラーの友だちを作ることから始めよう！

サバイバル術 82 スプーンなどでフタをたたく。

生活ピンチ!!編

スプーンなどでフタをたたくと、フタとビンのすき間に空気が入って開けやすくなると言われている。布をかぶせてからたたけば、フタにキズがつきにくいよ。

力のない子どもでも開けられるかもね。

生活ピンチ!!編⑧
かき氷を食べたら、頭がキーンとした!!

かき氷を口に入れたら、イタタタ…。頭がキーンとしてしんどいよ。

サバイバル術 83 流水をかぶる。

キーンの原因は、口の中の神経が「冷たい」を「痛い」とカン違いすることでも起こる。正しく「冷たい」と感じられるように頭を冷やしてみよう。

チカラワザすぎる!!

102

サバイバル術 84 舌を口の上側におしあてる。

頭が痛くなるのは、口やノドの温度がイッキに下がることが原因。舌を口の上側におしあてて、口やノドの温度を元にもどすくふうをしてみよう。

キーンはしんどいけど、かき氷はやめられないね。

生活ピンチ！！編⑨
ワサビがツーンとした!!

おすしの「サビぬき」は卒業したものの、ツーンは、なるべくさけたい…。

サバイバル術 85 コーラを飲む。

ワサビを口に入れるときはコーラをのもう。ワサビと炭酸のしげきで脳が混乱するので、辛さを感じにくいとか。ほかの炭酸水でも同じ効果があると言われるよ。

水を飲むとよけいに辛味が広がるらしいよ！

サバイバル術 86 「大人の味覚」をめざして受け入れる。

生活ピンチ!!編

ツーンこそが、ワサビの特ちょう。「サビぬき」を卒業したなら、ワサビ本来の味になれることだ。ツーンを受け入れてこそ、大人への道が近づくよ。

オトナになるために必要なピンチなのねー。

生活ピンチ!!編⑩
わたあめを食べたら口と手がベタベタになった!!

あまくておいしいけれど、あのベタベタ…どうにかならない？

サバイバル術 87 ビニール手袋をつけて、ちぎって食べる。

わたあめに直せつ、口をつけて食べるのはNG。ビニール手袋をつけて小さくちぎって口に入れよう。食後は、手袋をはずすだけ。手もよごれないよ。

ナイスアイディア！食べやすくていいね。

サバイバル術 88 ペットになめてもらう。

ベタベタになった手はペットになめてもらおう。ベタベタは取れるし、いやされるし、ペットもよろこぶ。ただし、ペットに糖分を与えすぎないでね。

ペットもよろこぶわたあめ、サイコー★

生活ピンチ!!編

生活ピンチ！！編⑪
ゼリーを開けたら、汁が顔にかかった!!

フタを開けたとき、毎回、汁がピュッと飛びちる。…仕方ないのかな!?

サバイバル術89 つまようじでフタにあなをあける。

つまようじや安全ピンなどをフタにさして、ポチッと小さなあなをあけてから開けてみよう。そうすれば、中身が飛びちらずに開けられるよ。

あなをあけるときの汁もれにも注意！

サバイバル術 90
おくから手前に向けて開ける。

対策は、超カンタン。ゼリーのフタを手前からおくではなく、おくから手前に向けて（相手に見せるようなカンジで）開けるだけ。自分に汁を飛ばさずにすむよ。

決して人には向けないようにね！

109

生活ピンチ!!編⑫
おふろ上がり、バスタオルがない!!

うっかりバスタオルを出しわすれてた。ビショビショなんだけど…。

サバイバル術91 服で体をふく。

バスタオルで体をふくように、服で体をふいちゃおう。体をふけたらクリアだ！そのあと、ふいた服を着るのもあり。あとのことは深く考えない、考えない…。

寒い季節はやめておこうね。

サバイバル術 92 体をスピンさせて水切りする。

クルクルといきおいよく体をスピンさせて水切りをする。フィギュアスケートの選手、もしくは脱水中のせんたくマシンになりきってやってみて。

犬がブルブルするヤツと同じだね。

生活ピンチ!!編⑬
しゃっくりが止まらない!!

いきなりヒック、ヒック…始まってしまった。だれか止めてー！

サバイバル術93　両耳のあなに指を入れて30秒待つ。

しゃっくりは耳をしげきすれば止められるとか。耳のあなをふさぐように指を入れて、30秒待つ。止まらないときは耳をつまんで引っぱってみよう。

「…………
…………。」
息を止めてたら止まったよ。

生活ピンチ!!編⑭
ゲーム中、マイクが「オン」になってた!!

ボイスチャットしていないつもりだったのに。うわ、はずかしー。

サバイバル術 94　「ただいま全国実況生中継でお送りしています。」と、ゲーム実況をしていたことにする。

うっかりマイクをオンしちゃうのはゲームあるあるだから気にしない。そのままゲーム実況を続けて最初からそのつもりだったことにすればOK。

生活ピンチ！！編⑮
遠足の前夜、楽しみすぎてねられない！！

「明日は遠足だー！」。…あれ？　ウキウキして何だかねられなくなっちゃったよ。

サバイバル術 95　「ムリしてねなくてもだいじょうぶ。」と開き直る。

あせると、よけいにねられなくなる。「ムリしてねなくてもだいじょうぶ。そのうちねむくなるさ〜。」くらいの気持ちでいよう。いつのまにかねているはず。

わくわく気分の夜を楽しもう★

サバイバル術 96 体の力をぬいてリラックスする。

生活ピンチ!!編

①あおむけにねて手でこぶしをにぎり、つま先は天井に。全身に力を入れて5秒間キープ。②息をはきながら、全身の力をぬく。これを3〜5回くり返す。ダメもとでやってみて。

ねられないとあせる気持ち、わかるなー。

生活ピンチ!!編⑯

写真うつりがヤバい!!

さつえいした写真、いつもうつりがイマイチ。もうちょっといいカンジになるといいんだけど…。

サバイバル術97 ベストなさつえい角度を見つける。

人の顔は左右対称ではないので、角度によって印しょうがかわる。かがみを見たり、自どりをして自分がよく見える位置を研究してみよう。

自分自身を研究することからスタートしてみて★

スマホを逆にしてさつえいする。

生活ピンチ!!編

スマホを逆さまに持ってさつえいしてみよう。下から見上げるような構図で写真がとれるのであしが長〜く見える。スタイルがよく見える写真になるよ。

この方法を知ったらやらずにはいられないね。

117

レッスン④ まちがいさがし RPGゲームバージョン

左右のイラストをくらべてみよう！

★答えは P141 を見てね。

ピンチに対応するためには、変化をすばやくキャッチする能力も必要だ。
左右のイラストでちがう部分をさがしてみよう。全部で5つあるよ。

左の絵とちがう部分が5つあるよ！

ピンチを救うコラム④

教えて、たまちゃん！

こんなとき、どうしたらいいの？
たまのプチ相談室

多くの人がかかえている悩みについて、たまちゃんに聞いてみたよ。

友だちと話すのがニガテです…。

クラスがえや、休み明けのときなど、友だちと何を話したらいいのかなやんでしまいます。

推し活をネタにしてみよう

クラスがえや、休み明けって、まわりのみんなもそれなりに緊張していると思う。話題でおすすめなのは、推し活ネタ。まわりの子が身に着けているグッズなどを観察して、推しについて話してみるといいよ。知らないキャラだったら「これ、何のキャラクターなの？」って聞いてみたらどうかな。

注目されると緊張してしまいます…。

友だちと話すときは平気なんだけど、授業中の発表など、みんなの前で話すときに緊張します。

緊張しているのは自分だけじゃない!!

引きこもりだったわたしも、いまだに人前で話すのはニガテ。そんな気持ちの人、けっこういるんだと思うよ。だから「緊張する自分を責めないこと」。緊張しても「緊張しているのは自分だけじゃない」と思って。わたしも同じだから、いっしょにがんばっていこー！

学校の成績が上がらない…。

宿題だけでなく、授業の予習、復習もやっているのに、なかなか成績が上がらなくてツラいです…。

自分のやり方を見直してみよう

わたしも実況動画をはじめたころ、登録者数が少なくてツラかった。自分に足りないことがあるのかも？と思って、尊敬する人の実況動画を見て研究したら少しずつ結果が出たよ。一度、勉強のやり方を見直すといいのかも。あきらめずにがんばろう。

将来の夢が見つかりません。

将来、自分が何をやりたいのかわかりません。パティシエになりたいと言っている友だちがうらやましい。

気持ちは変化するから心配いらないよ

わたしが幼稚園のときになりたかったのはケーキ屋さん。そのあと、保育士になりたいって思ったけど、結果、ゲーム実況者をやってるw 気持ちはどこで変化するかわからないってことだよね。だから、まだ夢や目標が決まっていなくても大丈夫。全然心配することないよ。

★【P86-87の答え】Q1…①、Q2…②、Q3…①②③全部。Q4…③、Q5…②、Q6…①、Q7…①、Q8…①、Q9…③、Q10…③

120

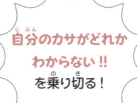

自分のカサがどれか
わからない‼
を乗り切る！

第5章
チート的サバイバル術で
お出かけピンチ‼編

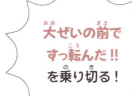

大ぜいの前で
すっ転んだ‼
を乗り切る！

しょうゆと思ったら
ソースだった‼
を乗り切る！

121

お出かけピンチ!!編①
やくそくの時間にちこくした!!

えっ、もうこんな時間!?　友だちと待ちあわせしている時間にまにあわないっ！

サバイバル術 99　「自転車がパンクしちゃって。」と、まさかのできごとが起きたことにする。

時間どおりに行けるはずだったのに、思いがけないことが起きておくれたことにしよう。「それじゃ、仕方ないよね。」と思わせる理由を伝えて。

どこにも行けるまほうの道具があればいいのに。

お出かけピンチ!!編②
新しいくつをはいたら足が痛くなった!!

買ったばかりのくつで出かけたら、足が痛くなっちゃったよー。

サバイバル術100 同じサイズの友だちに声をかけてくつを交かんする。

新しいくつはカタチがなじんでいないため、足が痛くなることも。そんなときは、てっとりばやく同じサイズの友だちのくつと交かんしてもらおう。

そのまま友だちのくつをはいて帰っちゃいそう…。

お出かけピンチ!!編③
電車のきっぷをなくした!!

改さつを出ようとしたら…ないっ！ ポケットにもバッグにもないっ！ こまった！

サバイバル術 101
こまっている感を出すために泣きながら駅員に事情を話す。

駅員に事情を話そう。「確かにポケットに入れた。」なんて言いわけは意味がない。こまっている気持ちを表すにはなみだのほうが伝わりやすいやすいかも。

きっぷって小さいよね。わたしもなくす気がする…。

124 ★きっぷをなくした場合は、もう一度、同じ区間のきっぷの買い直しが必要。下車駅で「再収受証明」を受けて持ち帰ろう。1年以内にきっぷが見つかった場合、再収受証明のあるきっぷといっしょに駅に持っていけば、手数料220円で払いもどしてもらえるよ。

お出かけピンチ!!編④
自分のカサがどれかわからない!!

店の入り口に置かれた大量のカサ。どれが自分のだっけ…?

サバイバル術 102　「〇〇（自分の名前）のカサさーん!」とよびかけてみる。

名前や目じるしがなければ見わけるのはむずかしい。そんなときは、よびかけてみよう。愛着を持って使っていたなら、きっとこたえてくれるよ。

カサに話しかけている人がいたらコワいです…。

お出かけピンチ!!編⑤
乗り物によった!!

バスにゆられているうちに、気分が悪くなってきちゃった…。よい方法、ないかな。

景色にツッコミながら気分転かんをする。

「何、この店名!?」「あの犬、めっちゃ見てる!」など、まどから景色をながめてツッコミどころを探していこう。気分転かんをするのがおすすめだよ。

声に出して言ってみるとおもしろいかもね。

126

サバイバル術 104 ラムネを食べて気分をシャキッとさせる。

おかしのラムネを食べてみよう。ラムネにふくまれているブドウ糖は体にエネルギーをあたえてくれるよ。まわりに声をかければ、持ってる人がいるはず。

ラムネはいつもバッグに入れてるよ★

お出かけピンチ!!編⑥
大ぜいの人の前ですっ転んだ!!

ズコーッ! ハデに転んじゃった。「痛い」より、「はずかしい」気持ち…。

サバイバル術105 「うで立てふせ」を始めてパフォーマンスを見せる。

「転んだ人」で終わらせないために、そのあと「うで立てふせ」をひろうしてみよう。はく手がわき起こったらパフォーマンスが成功したも同然だよ。

ころんだダメージにひたっているヒマはないよ?

「どなたかお医者さまはいませんか?」とコントにアレンジする。

サバイバル術 106

お出かけピンチ!!編

「ど…どなたかお医者さまはいませんか?」

たくさんのギャラリーの前でハデにころんだからには、まわりをもまきこんだ演出をしてみよう。「わたしでよければ…。」と声をあげる人がいるはず。

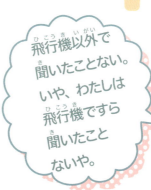

飛行機以外で聞いたことない。いや、わたしは飛行機ですら聞いたことないや。

お出かけピンチ!!編⑦
トイレに大行列ができている!!

映画館やテーマパークなどのトイレの大行列。これじゃ、まにあわない…。

サバイバル術 107 九九をとなえながら意識をとばし足をクロスさせて待つ。

順番まで何とかもたせるために、足をギュッとクロスさせて待つ。九九をとなえるなど、思考を途切れさせないことをするのがおすすめだよ。

あな場のトイレ、探しておかなきゃね。

「あっちにたまちゃんっぽい人がいた!」と言って、ならんでいる人数をへらす。

お出かけピンチ!!編

列の人数をへらすために人の注意をひいてみる。「…がいた!」ではなく「…っぽい人がいた!」と言い切らないのがポイント。ぬけた人の列にならぼう。

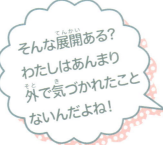

そんな展開ある?わたしはあんまり外で気づかれたことないんだよね!

131

お出かけピンチ！！編⑧
映画館でポップコーンをブチまけた!!

席につこうとしたら、ポップコーンが思いっきりこぼれちゃった…。

サバイバル術109　「よかったら、どうぞー！」と、まわりの観客に声をかける。

買ったばかりのポップコーンなら、まわりの人にもすすめてみよう。えんりょ深いお客さんが多い日は、だれも食べない場合もあると心得ておいて。

ノーサンキューですぅ〜。

駅前のハトをよんで食べてもらう。

ポップコーンが好物のハト。駅前あたりにいるハトをよんできて食べてもらおう。ハトはよろこぶし、そうじの手間もはぶけていいことずくめだよ。

ハトに「盗撮NG」のマナーも伝えておいて。

お出かけピンチ!!編⑨
メニューの内容がナゾすぎて選べない!!

飲食店の「シェフのきまぐれサラダ」などのメニュー、意味不明なんだけど？

サバイバル術 111
「コレ、ドンナ リョウリデスカ？」と、外国人観光客をよそおって聞く。

どんな料理なのかわからないときは、外国人のふりをして、スタッフさんなどにたどたどしい日本語で聞いてみよう。ていねいに教えてくれるよ。

英語で説明されたらどーする？

お出かけピンチ!!編

サバイバル術 112 「今日の気分はどんなカンジ？」と、シェフに聞いてみる。

「シェフのきまぐれサラダ」など内容がわからないメニューは、シェフに直せつ、聞いてみよう。「きまぐれ」なんだから、その日の気分によってちがうはず。

そもそもシェフに話しかける勇気があるかだよね…w

135

お出かけピンチ！！編⑩
しょうゆだと思ってかけたらソースだった!!

飲食店においてあった調味料。マグロ丼にかけたらソースだった。

まわりの人の料理とトレードする。

家族や友だちなど、何食わぬ顔をしながらまわりの人に料理の交かんをていあんしてみて。理由は「え？何となく…。」と、言っておこう。

そこまでやるならチョコとかかけちゃお!!!

お出かけピンチ!!編⑪
食べ方をミスってグラスからあふれた!!

クリームソーダをかきまぜたら中身があふれちゃったよ。

サバイバル術 114　「イリュージョンだー!」と
パフォーマンスをぞんぶんに楽しむ。

スプーンで入れると炭酸のあわが活性化して生まれるモコモコあわ。そのサマはまるでイリュージョン。テーブル上でくり広げられる化学ショーを楽しもう。

ソーダがグラスから
あふれソーダ!
いや、すでに
あふれてるよ…。
ソーダった!…。

お出かけピンチ!!編⑫
カラスにおべんとうをねらわれた!!

公園でおべんとうを食べていたら、カラスがよってきた…取られてたまるか！

サバイバル術 115 ディスクを反射させて追いはらう。

カラスは、強い光や大きな音がニガテ。DVDやブルーレイなどのディスクを反射させて追いはらおう。大事なおべんとう、なんとしてでも死守しよう。

ディスクはわすれずに持ち歩かなくちゃね★

お出かけピンチ‼編

カラスの天敵として知られるフクロウやトンビをよびよせる。

サバイバル術 116

カラス退治に役立つのが天敵であるフクロウやトンビ、オオタカなどのもうきん類。よびよせて飛んできてもらえば、カラスはあわててにげていくよ。

なんてたよりになるしもべたちなの♡

139

左右のイラストをくらべてみよう！

★答えは P142 を見てね。

変化をすばやくキャッチするレッスンその2は忍者ゲームバージョンだ。左右のイラストでちがう部分をさがしてみよう。全部で6つあるよ。

お出かけピンチ!!編

左の絵とちがう部分が**6つ**あるよ！

★【P118-119の答え】左上より…家のえんとつ、モンスターの色、右上の木の本数、中央の剣の向き、番号㉓の5つ。

141

ピンチを救うコラム❺

\使うだけでテンションあがる！/
たまちゃんワード集

ゲーム実況で話しているたまちゃんことばを集めてみたよ。ふだんトークに使ってみよ！

「どうも！たまです」
はじめのあいさつ。

「うー、れちゅご★」
ゲーム実況スタートの合図。

「おつたまー！」
「おつかれ」の意味のあいさつ。

「あぶなカタブラ　かたくりこ」
キケンがせまっているとき。

「何となくイケる気がする～♪」
ゆるめの前向きことば。

「幸幸」
シアワセを感じるとき。

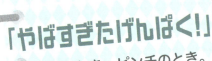

「やばすぎたげんぱく！」
ヤバいとき。ピンチのとき。

142　【P140-141の答え】左上より…いちばん左の雲の形、家のとびらのデザイン、まどの前のお金、松の木の枝の数、だんごの色、お地蔵さんの前かけの色の6つ。

たまちゃんからみなさんへ♥

ふだんの生活のなかで、突然、おそいかかるピンチ。
ゲームの世界とちょっとにているかもしれない。

だからこそ、ゲームのように協力プレイで
家族や友だちといっしょに
ピンチを乗りこえる方法もあるよね。

わすれないでほしいのは、
人は決してひとりじゃないってこと。
こまったときは、人に助けてもらっていいんだよ。
わたしの場合は家族が味方になってくれた。

少なくともわたしはいつでもみんなの味方だから。
これからも、みんなが笑顔になれるような
楽しい実況を届けたいと思っています。
おつきあい、よろしくね★

Tama

2024年9月10日　第1刷発行

監修	TAMAchan
イラスト	さかもとこのみ、ツナチナツ、藤井昌子
執筆	竹内美恵子
カバー＆本文デザイン	舛沢正子
校正	麦秋アートセンター
DTP	株式会社アド・クレール
発行人	土屋　徹
編集人	志村俊幸
編集長	野村純也
企画編集	松尾智子
発行所	株式会社Gakken
	〒141-8416　東京都品川区西五反田2-11-8
印刷所・製本所	中央精版印刷株式会社

●この本に関する各種お問い合わせ先
・本の内容については、下記サイトのお問い合わせフォームよりお願いします。
　https://www.corp-gakken.co.jp/contact/
・在庫については　TEL:03-6431-1197（販売部）
・不良品（落丁、乱丁）については　TEL:0570-000577
　学研業務センター　〒354-0045　埼玉県入間郡三芳町上富279-1
・上記以外のお問い合わせ先は　TEL:0570-056-710（学研グループ総合案内）

Ⓒ Gakken

本書の無断転載、複製、複写（コピー）、翻訳を禁じます。本書を代行業者等の第三者に依頼してスキャンやデジタル化することは、たとえ個人や家庭内の利用であっても、著作権法上、認められておりません。

学研グループの書籍・雑誌についての新刊情報、詳細情報は、下記をご覧ください。
学研出版サイト　https://hon.gakken.jp/